Von Samtpfoten & Märchenkatzen

Von Jessica Hilbert

Buchbeschreibung:

Dieser Gedichtband ist jenen magischen Samtpfoten gewidmet, welche seit jeher Menschen aus aller Welt fasziniert und inspiriert haben. So erzählen auch diese poetischen Zeilen von geheimnisvollen Wesen und zauberhaften Lauten und schlagen einen Bogen in märchenhafte Welten, welche diese charmanten Tiere längst erobert haben.

Über die Autorin:

Jessica Hilbert wurde 1987 in Schleswig-Holstein geboren, hat dort Chemie studiert und nach dem erfolgreichen Abschluss ihrer Doktorarbeit begonnen auch »nicht wissenschaftliche« Texte zu schreiben. Nun ist sie von der fleißigen Leserin auf die andere Seite gewechselt und lebt mit ihrer Familie immer noch im »echten Norden«.

Von Samtpfoten & Märchenkatzen

Illustrierte Katzengedichte

Von Jessica Hilbert

Bibliografische Information der Deutschen National-
bibliothek:
Die Deutsche Nationalbibliothek verzeichnet diese
Publikation in der Deutschen Nationalbibliografie;
detaillierte bibliografische Daten sind im Internet über
http://dnb.dnb.de abrufbar.

Blog: www.buchstabenpfote.de
E-Mail: kontakt@buchstabenpfote.de

Covergestaltung: Jessica Hilbert
Coverabbildung: erstellt mit Midjourney
Illustrationen: erstellt mit Midjourney

Herstellung und Verlag:
BoD - Books on Demand, Norderstedt

ISBN: 9783757854539

Inhalt

Magische Wesen

Samtpfote

Sanft und leise schleicht sie durch die Nacht,
    setzt ihre Samtpfoten mit Bedacht.
    Mit Eleganz bewegt sie sich voran,
    eine Königin, die ihre Welt beherrschen
kann.

Ihr Fell so weich, ihr Blick so stolz,
    die Herrin über Noblesse und Stolz.
    Sie schnurrt, wenn sie gestreichelt wird,
    doch wer ihr Unrecht tut, der wird gestört.

Sie ist die Schönheit, die sich oft versteckt,
    doch ist sie da – unbeschreiblich, perfekt.
    Sie ist die Katze, die alles weiß,
    unnahbar präsent, und doch so leis.

Kleine Samtpfote, wie märchenhaft du bist,
    mit deiner Brillanz wie ein Artist.
    Du bist ein Stern mit sanfter Macht,
    strahlend hell, in dieser Nacht.

Nachts sind alle Katzen grau

Nachts sind alle Katzen grau,
   in der Dunkelheit, im Nebel, im Tau.
   Ihr Fell verliert die Farbenpracht,
   es bleibt nur Schwarz und Grau bei Nacht.

Jedoch sind sie nicht weniger bezaubernd,
   wenn sie im Grau die Nacht erobern.
   Auf der Jagd nach Mäusen und Ratten,
   ohne Farben, ohne Schatten.

Wenn der Tag dann wiederkehrt,
   werden ihre Farben erneut aufgefärbt.
   Von Rot bis Weiß, von Braun bis Schwarz,
   - eine Farbenpracht, der reinste Schatz.

Doch Nachts sind alle Katzen grau,
   wenn sie umherwandern im kühlen Grau.

Die Glückskatze

Dreifarbige Katzen, so wunderschön,
  ihr Fell aus Farben, sanft und fein.
  Schwarz, weiß, orange, die Kombination,
  so einzigartig wie eine Sensation.

Ihr Anblick bringt Freude und Glück,
  ihr Gemüt ist ruhig, sanft und schick.
  Sie sind als Glückskatzen bekannt,
  in vielen Ländern, auf See, an Land.

Doch nicht nur Glück, sie sind auch treu,
  geben Zuneigung, sind gar nicht scheu.
  Ihre dreifarbige Pracht so unvorhersehbar,
  schimmernd wie Seide, ganz wunderbar.

Dreifarbige Katzen, ein Geschenk,
  eine Schönheit, an die man stets denkt,
  eine Freude, die man nie verliert,
  ein Zauber, der immer brilliert.

Die Sinne der Katze

Geschärftes Gehör, eine Nase ganz fein,
    Augen so scharf und immer bereit.
    Die Sinne der Katze, aufmerksam und rein,
    weiß stets im Voraus schon häufig Bescheid.

Ihr Fell, so weich, ihr Schwanz, so geschmeidig,
    bewegt ihren Körper mit graziler Lässigkeit.
    Die Sinne der Katze sind scharf und fleißig,
    ein wahrer Meister anmutiger Leichtigkeit.

In der Nacht, lauernd und jagend,
    durchquert sie die Schatten, ohne zu zögern.
    Die Sinne der Katze sind ihr Talent,
    ihr Instinkt, ihre Stärke, die niemals erlahmen.

Feenkatzen

Feenkatzen tanzen durch die Nacht,
mit glitzernden Pfoten und zauberhafter Macht.
Ihr Fell so weich und sanft wie Samt,
verzaubert jedes Wesen, das ihnen bekannt.

Ihre Augen leuchten wie Sterne,
ihr Schnurren ein Lied voller Wärme.
Sie tanzen durch Täler und Wälder,
tollen über Wiesen und Felder.

Feenkatzen sind Wesen voller Grazie,
sie tanzen und spielen in vollkommener Harmonie.
In ihren Augen spiegelt sich die Welt der Magie,
eine Welt voller Wunder und Phantasie.

Wenn du ihnen begegnest, lass dich verzaubern,
von ihrer Schönheit, ihrem Charme.
Denn Feenkatzen sind Wesen voller Magie,
die uns zeigen, dass es mehr gibt als das,
was wir sehn.

Die Laute der Katzen

Miau, Meow, Nyah

Die Katze macht auf Deutsch »Miau«,
    auf Englisch »Meow« - ihr Klang genau.
    In Frankreich hört man »Miaou« von ihr,
    in Ungarn »Má« - das ist nicht schwer.

Auf Arabisch ruft die Katze »Miaaaw«,
    auf Türkisch »Miyav« – das ist wahr.
    In Italien »Miao« ihr Ruf wie fein,
    in Russland »Myau« – das soll es sein.

In Finnland erklingt ein zartes »Mau«,
    in Thailand »Meaw« - das hört sich schlau.
    In Südkorea »Yaow« ihr schöner Klang,
    in Vietnam »Meo« die Katze sang.

So unterschiedlich auf dem Papier,
    bleibt eines doch gleich beim Katzentier,
    egal welches Land, welche Nation,
    wir erkennen die Katze beim ersten Ton.

Katzengesang

Aus tiefstem Schlaf steigt eine Stimme empor,
   zart, doch mit Inbrunst, ein sanfter Tenor.
   Ein leises Miauen, fast schon ein Flüstern,
   ein sanftes Murmeln, wie die Sterne so fern.

Die Nacht ist still, nur der Mond schaut zu,
   wie die Katze ihr Lied beginnt, höre gut zu:
   Mal hoch, mal tief, mal kurz, mal lang,
   sie webt einen Zauber mit ihrem Gesang.

Wir wundern vielleicht warum sie das macht,
   womöglich eine Hymne der Nacht?
   Oder ein Loblied auf ihr eigenes Wesen?
   Wir können nur raten, leider nicht wissen.

Und so hören wir weiter, ergriffen vom Klang,
   verzaubert im Bann von diesem Gesang.
   Das Lied der Katze über Magie und Schönheit,
   ein Geschenk der Natur, das uns stets erfreut.

Das Schnurren der Katze

Das Schnurren der Katze ist wie ein Lied,
  das sanft durch die Hektik des Alltags zieht.
  Es klingt wie ein zärtlicher Hauch,
  eine Melodie, so lieblich und auch
  so beruhigend, dass man es spürt,
  endlich entspannt, wenn man es hört.

Das Schnurren der Katze ist wie ein Zauber,
  der uns umhüllt in wärmendem Schauer.
  Es beruhigt unsere Seele und unser Herz,
  vertreibt die Sorgen, nimmt den Schmerz.
  Es streichelt uns mit seiner sanften Kraft,
  bis wir aufatmen, unbeschwert und unbe-
darft.

Das Schnurren der Katze ist wie eine Melodie,
  die uns in tiefen Frieden wiegt.
  Ein Geschenk dieser kleinen Kreatur,
  die uns begleitet, mit Liebe und ihrer Natur.
  Es ist das Schnurren der Katze, das zeigt,
  dass diese Seele uns beisteht, uns heilt.

Liebesarie der Kater

Ich sitze hier und warte still,
    ahne, dass du zu mir willst.
    Der Mond scheint hell, die Nacht ist klar,
    die Bühne frei, wie wunderbar.

Ich schnurre leise, drehe mich,
    damit du meine Schönheit siehst.
    Ich hebe meine Stimme zarter Klang,
    steigere mich zu selbstsicherem Gesang.

Ich schmeiße mich für dich in Posen,
    singe über Liebe, Mäuse, Rosen.
    Ich steigere mich immer mehr,
    will auch dich schon längst so sehr.

Ich fühle dich nun näher kommen,
    spüre dich dann neben mir.
    Ich wittere nun deinen Duft,
    ein Liebeshauch liegt in der Luft.

Ich miaue nun leise in dein Ohr,
    zarter als ein Engelschor.
    Nicht mehr nötig meine Posen,
    lasse mich von dir liebkosen.

Ich ahnte, dass du zu mir willst,
    wir sind zusammen, die Zeit steht still.

Katzenmusik

Die Nacht ist still, geheimnisvoll,
  doch plötzlich ein Geräusch.
  Ein Zupfen an den Saiten,
  eine Katze macht sich bereit.

Sie sitzt an der Harfe,
  Pfoten streichen spielend die Saiten.
  Ihr Fell glänzt im Mondschein,
  ihr Spiel entführt sanft in eine andere Welt.

Die Melodie ist samtig und leicht,
  wie eine Feder auf dem Wind.
  Die Töne klingen wie ein Lachen,
  doch auch wie ein tiefer Seufzer.

Sie beherrscht ihr Spiel,
  in der Luft liegt ein Hauch von Magie.
  Die Noten tanzen um sie herum,
  wie Feen im silbernen Licht.

Langsam verblasst die Musik,
  die Katze steht auf und lächelt.
  Sie blickt noch einmal zurück,
  und verschwindet im Dunkeln der Nacht.

Ein botanischer Schlenker

Weidenkätzchen

Zarte Kätzchen an den Zweigen,
sacht im Wind sie sich verneigen.
Ihr Flaum in sanftem Silbergrau,
so zierlich wie ein feiner Schau.

Im Frühling zieren sie die Weiden,
läuten ein, ein neues Jahr der Freuden.
Sanftes Rauschen, wenn sie sich bewegen,
Zeichen, dass wir Neues erleben.

Ein Hauch von Leben, ein Hauch von Licht,
Weidenkätzchen, so zart und schlicht.
Ein Symbol für Neuanfang und Leben,
ein Segen, den uns die Natur gegeben.

Katzenpfötchen

Katzenpfötchen nennt man mich,
  auch wenn ich bin eine Katze nicht.
  Doch meine Blüten, weiß wie Schnee,
  sehn aus wie Pfötchen, fein und schön.

Zart und fein, trotzdem charmant,
  steh ich in Wiesen und am Wegesrand.
  Manch einer tritt wohl auf mich drauf,
  doch richte ich mich unverdrossen auf.

Meine Blüten schließen sich zur Nacht,
  und öffnen sich mit dem neuen Tag.
  Ich bin ein kleines Wunder der Natur,
  ein Symbol für Schönheit und Beständigkeit
pur.

Katzenpfötchen nennt man mich,
  auch wenn ich bin eine Katze nicht.
  Und kennst du diesen Namen nicht:
  Das kleine Gänseblümchen – das bin ich.

Katzengras

Katzengras, so weich und fein,
  verlockt Samtpfoten, groß wie klein.
Sie schlecken, schnuppern, schnüffeln,
  kauen, knabbern, rüffeln.

Katzengras, so zart und mild,
  ist für Katzen eine Welt.
Es reinigt ihren Magen,
  hilft bei manch Unbehagen.

Katzengras, so grün und schön,
  gibt Kätzchen Glück und Wohlgefühl.
Ein Stückchen Gras, ein großes Glück,
  Katzengras, ein Wunderstück.

Katzenminze

Katzenminze ist ein Kraut so fein,
    das man oft im Garten finden kann.
    Katzen lieben es, sie sind nicht allein,
    es lockt sie mit seinem Duft, schlägt sie in
ihren Bann.

Ihre Sinne werden so erregt,
    dass sie kaum zu halten sind.
    Sie kommen schnell herangefegt,
    stürzen gierig aufs Objekt geschwind.

Die Blätter, sie sind weich und flauschig,
    so wie das Fell manch Katze auch.
    Sie lieben es, darauf zu kuscheln sind dann
überglücklich,
    ihr Lieblingsplatz, kein Zweifel auch.

Katzenminze, ein Spielzeug der Natur,
    für alle lebenstollen Katzen dieser Welt.
    Es gibt ihnen Freude, Abenteuer pur,
    für viele Stunden sind die Sinne froh
erhellt.

Heilsame Blüten

In fernem Land, wo der Weißdorn blüht,
ist ein altes Heilmittel bekannt.
Ein Kraut, das Katzen das Leben gibt,
wenn sich das Herz in Not befand.

Der Weißdorn, so klein und unscheinbar,
seine Blüten weiß wie Schnee,
doch seine Kraft ist wunderbar,
eine Hilfe in der Not - Juhee.

Sein Saft gibt Katzen wieder Kraft,
ihr Herz schlägt stark und wild.
So ist der Weißdorn ein Schatz,
ein Heilmittel für die Katzenwelt.

Märchenkatzen

Die Katzen der Märchen

In Märchen voller Zauber und Magie,
    ist oft eine Katze mit von der Partie.
    Mal klug, mal frech, mal edel und weise,
    in jeder Rolle agiert sie auf ihre Weise.

Der gestiefelte Kater, ein Kater so schlau,
    mit Stiefeln und Hut, zeigt er seine Schau.
    Er hilft den Zauberer zu besiegen,
    zeigt, dass eine Katze kann viel bewirken.

Die Musikanten, eine Katze zwar schmächtig,
    doch mit Esel, Hund und Hahn auf Abenteuer so prächtig.
    Sie vertreiben die Räuber aus dem Haus,
    und musizieren, jahrein, jahraus.

Die drei kleinen Kätzchen, so putzig und fein,
    wollen auf Weltreise gehen, in der Welt so rein.
    Sie laufen durch Wälder und Berge so weit,
    doch kehren zurück, am Ende der Zeit.

Katzen in Märchen haben oft eine Rolle,
    sind schlau, mutig und voller Wohlwollen.
    Sie helfen dem Helden in seiner Not,
    führen ihn auf den Pfad, nach dem Märchencode.

Die Grinsekatze

Die Grinsekatze, schelmisch und schlau,
    ein Lächeln auf ihrem Gesicht, so lau.
    Ihr Blick ist listig, ihr Schweigen spricht,
    als ob sie ein Geheimnis hütet – oder auch
nicht.

Ihr Grinsen – eine Cheshire-Katze,
    unfassbar und unerklärlich, ein Rätsel.
    Manchmal charmant, manchmal voll Hohn,
    eine Mischung aus Schalk und Faszination.

Sie scheint zu wissen, was wir nicht können,
    mit ihren Augen, die alles durchblicken.
    Wir sind ein Spielzeug in ihren Pfoten,
    uns neckend, herausfordernd, Grenzen aus-
loten.

So beobachte die Grinsekatze, wie sie geht
    in die Schatten und wieder entsteht.
    Ihr Grinsen, ihr Mysterium in jeder Geste,
    eine Schönheit, die uns fasziniert und
testet.

Der gestiefelte Kater

Ein schlauer Kater, rank und schlank,
   trug ein Paar Stiefel und Hut voller Dank.
   Für seinen Herrn erdachte er einen listigen Plan,
   damit er würde werden ein reicher Mann.

Zuerst fing er manch Rebhuhn, gar nicht doof,
   um sie zu verkaufen am Königshof.
   Dies alles für des Müllersohns Ruhm,
   der reich wurde, ohne sein tun.

Ein Bad im Teich, war der nächste Schritt,
   die Kleider des Müllers waren fix weg.
   Der König schnell zur Hilfe eilt,
   der Müllersohn nun gräflich eingekleid.

Ohne ein Schloss, was für ein Graf!
   Doch auch hier wusste der Kater Rat.
   Er stolzierte zum Schloss des Zauberers hin,
   stellte sich als Marquis von Carabas hin.

Schnell trickste der Kater den Zauberer aus,
   besiegte ihn listig im eigenen Haus.
   So wurde der Müllersohn reich und berühmt,
   doch der wahre Held war der Kater, der den Plan hat geträumt.

Die Katze der Bremer Musikanten

Ich bin die Katze, mit ihm Schlepptau,
    von Esel, Hahn und auch Wauwau.
    Wie es dazu kam, fragst du dich?
    Jeder von uns hat sein Schicksal, schön ist
es nicht.

Vereint hat uns der Wille zu leben,
    manchmal muss man dieses selbst in die
Pfote nehmen.
    So ziehn wir zusammen Richtung Bremen,
    dort soll es beginnen, unser neues Leben.

Die Nacht bricht herein, wo nur schlafen?
    Dort eine Hütte, ein sicherer Hafen.
    Vor den Räubern ist uns nicht bang,
    wir vertreiben sie mit unsrem Gesang.

Diese Hütte ist jetzt unser Revier,
    nach Bremen brauchen wir nicht mehr.
    Wir leben hier glücklich zusammen,
    verbringen gemeinsam den Lebensabend.

Drei kleine Kätzchen

Drei kleine Kätzchen, so mutig und schlau,
dem Zauberer kess gegenüber, genau.
Sein Plan war es, sie in die Falle zu locken,
doch sie waren bereit, ihn zu verspotten.

Er zog seinen Stab, schnipste und sprach,
doch die Kätzchen waren hellwach.
Sie miauten laut und riefen herbei,
ihre Freunde, die kämpften für drei.

Der Zauberer sah, dass er verloren hat,
und flüchtete ins Dunkel der Nacht.
Die Kätzchen blieben wachsam und stark,
mit hilfreichen Freunden, Tag für Tag.

So endet die Mär mit glücklichem End,
die Kätzchen leben in Frieden, genießen
den Abend.
Doch falls nötig, seid gewiss,
werden sie kämpfen, auch wenn der Feind
noch so groß ist.

Fünf kleine Elfchen

Elfchen, das
Eine Gedichtform, die in der Regel aus elf
Wörtern (daher der Name) besteht, die auf
fünf Zeilen verteilt sind.

Katze
Schleicht sanft
Durch die Nacht
Fell glänzt im Mondlicht
Verzauberung

Samtpfote
Leise Tapsen
Stolz und würdevoll
Anmutig schreitend wie königlich
Unnahbar

Katzenliebe
Schnurrendes Wesen
Streicheln und kuscheln
Vertrauen, Liebe und Hingabe
Ohnegleichen

Spieltrieb
Kleines Kätzchen
Tobt durchs Haus
Springt, spielt und klettert
Energie

Sternenblick
Funkelnde Katzenaugen
Mystisch und geheimnisvoll
Spiegel des weiten Universums
Unergründlich